¿CÓMO NOS GUÍA DIOS?

NICKY GUMBEL

¿Cómo nos guía Dios?
Título original: *How Does God Guide Us?*
Publicado por primera vez en 1993 como parte de *Alpha—Preguntas de la vida.*

© 1993 Nicky Gumbel

Traducción española © 2009 Alpha International, Holy Trinity Brompton, Brompton Road, Londres SW7 1JA, Reino Unido.

Esta edición ha sido publicada mediante un acuerdo especial con Kinsgway. Los derechos de autor de Nicky Gumbel están vigentes según lo dispuesto por la Ley de Patentes, Diseños y Derechos de Autor de 1988 (*Copyright, Designs and Patent Act* 1988).

Edición 2009, traducción de Jaime Álvarez Nistal revisada por Rosa María Leveritt-Santiváñez y José Alberto Barrera Marchessi.

Textos bíblicos tomados de la SANTA BIBLIA, NUEVA VERSIÓN INTERNACIONAL® NVI®. Derechos de autor © 1999, Sociedad Bíblica Internacional®. Usado con el permiso de la Sociedad Bíblica Internacional®. Todos los derechos reservados.

Ilustraciones de Charlie Mackesy

ISBN 978-1-934564-84-4

ÍNDICE

¿CÓMO NOS GUÍA DIOS?

Todos tenemos que tomar decisiones en la vida. Queramos o no, nos enfrentamos a decisiones de todo tipo —decisiones sobre las relaciones personales, sobre el matrimonio, los hijos, el trabajo, la casa, el dinero, las vacaciones, la administración de nuestro tiempo, posesiones y donaciones, etc—. Algunas de ellas son decisiones de gran envergadura y otras lo son de menos importancia. En muchos casos, es fundamental que tomemos las decisiones acertadas —por ejemplo, al elegir pareja para el matrimonio—. Para tomar estas decisiones, necesitamos la ayuda de Dios.

Algo maravilloso que la fe cristiana nos enseña es que no estamos solos en esta vida. La guía que viene de Dios surge de nuestra relación con él. Él promete guiar a todos los que caminan con él. Dice: «Yo te instruiré, yo te mostraré el camino que debes seguir; yo te daré consejos y velaré por ti» (Salmos 32,8). Jesús prometió dirigir y guiar a sus seguidores: «Llama por su nombre a las ovejas y las saca del redil. [...] las ovejas lo siguen porque reconocen su voz» (Juan 10,3-4). Jesús utiliza el vínculo existente entre las ovejas y su pastor como analogía de la relación que quiere establecer con nosotros. Desea ardientemente que descubramos su voluntad (Colosenses 1,9; Efesios 5,17). Se preocupa por cada uno de nosotros de manera personalizada. Nos ama y quiere hablarnos sobre lo que deberíamos hacer con nuestras vidas —tanto sobre las cosas pequeñas como sobre las cosas grandes—.

Dios tiene un plan para nuestras vidas (Efesios 2,10). A veces, la gente se preocupa por eso y piensa: «No estoy seguro de que quiera el plan de Dios para mi vida. ¿Serán buenos sus planes?». No debemos tener miedo. Dios nos ama y quiere todo lo mejor para nosotros. Pablo nos dice que la voluntad de Dios para nuestras vidas es «buena, agradable y perfecta» (Romanos 12,2). Dios dijo a su pueblo —por boca del profeta Jeremías—: «Porque yo sé muy bien los planes que tengo para ustedes —afirma el Señor—, planes de bienestar y no de calamidad, a fin de darles un futuro y una esperanza» (Jeremías 29,11). Lo que Dios está diciendo es: «¿No se dan cuenta de que tengo un plan realmente bueno para sus vidas? He preparado algo maravilloso». Éste fue el grito que surgió en el corazón de Dios después de haber visto el caos en el que su pueblo se había sumido cuando éste dejó de seguir sus preceptos. A nuestro alrededor vemos personas cuyas vidas están hechas un lío. Después de unirse a Cristo, la gente me dice a menudo: «Ojalá me hubiera hecho cristiano cinco o diez años antes. Mi vida de ahora es un auténtico desastre».

Si queremos saber cuál es el plan de Dios para nosotros, tenemos que pedirle que nos lo revele. Dios advirtió a su pueblo del peligro de aventurarse en proyectos sin haberle consultado: «El Señor ha dictado esta sentencia: "Ay de los hijos rebeldes que ejecutan planes que no son míos, [...] que bajan a Egipto *sin consultarme*"» (Isaías 30,1-2, cursiva del autor). Naturalmente, Jesús es el ejemplo supremo del cumplimiento de la voluntad de su Padre. El Espíritu le guiaba continuamente (Lucas 4,1) y él sólo hizo lo que veía hacer a su Padre (Juan 5,19).

A veces, cometemos errores porque no consultamos a Dios. Hacemos un plan y pensamos: «Quiero hacer esto, pero no estoy seguro de que Dios quiera que lo haga. Mejor no le pregunto, ¡no vaya a ser que no sea ésa su voluntad!».

Dios nos guía cuando estamos dispuestos a hacer su voluntad y no insistimos en que las cosas se hagan a nuestra manera. El salmista dice: «Él dirige [...] a los humildes» (Salmos 25,9) y «brinda su amistad a quienes le honran» (v. 14). Dios guía a aquéllos cuya actitud es como la de María: «He aquí la esclava del Señor; hágase en mí según tu palabra» (Lucas 1,38)[1]. Desde el momento en que estamos dispuestos a hacer su voluntad, Dios empieza a revelarnos los planes que tiene para nuestras vidas.

Hay un versículo en los Salmos al que recurro con frecuencia: «Encomienda al Señor tu camino; confía en él, y él actuará» (Salmos 37,5). Nuestra parte consiste en encomendar nuestra decisión al Señor y, después, en confiar en él. Una vez hecho esto, sólo nos queda esperar con confianza a que Dios actúe. Si estás orando, por ejemplo, sobre la idoneidad de una relación, puedes orar así: «Si esta relación es mala, te pido que le pongas fin. Si es buena, te pido que nada acabe con ella». Así, tras haber encomendado tu relación al Señor, puedes confiar en él y esperar a que él actúe.

Cuando estábamos acabando nuestros estudios universitarios, un amigo mío llamado Nicky, que se había hecho cristiano casi al mismo tiempo que yo, se hizo muy buen amigo de una chica que no era cristiana. Nicky pensaba que no sería correcto casarse con esa chica a no ser que ella compartiera su fe en Cristo. No la quiso presionar, así que siguió el consejo del salmista y se la encomendó al Señor. Oró con estas palabras: «Señor, si esta relación es mala, te pido que le pongas fin. Si es buena, te pido que se haga cristiana antes del último día del curso». No le dijo a nadie, ni siquiera a ella, la fecha que había elegido y para qué. Puso su confianza en el Señor y esperó a que el Señor actuara. Llegó el último día de curso y esa misma noche fueron juntos a una fiesta. Justo antes de media noche, ella le dijo que quería ir a dar una vuelta, así que se metieron en el automóvil y, como diversión, ella le empezó a dar un montón de indicaciones que se iba inventando: «Gira tres veces a la izquierda; otras tres a la derecha; sigue todo recto durante seis kilómetros y párate ahí». Él siguió el juego y obedeció a sus indicaciones. Acabaron en el cementerio americano, que tiene una cruz enorme, en el centro, rodeada de cientos de cruces pequeñas. Ella se conmovió enormemente al ver la cruz y al darse cuenta de que Dios se había servido de su juego para atraer su atención. Rompió a llorar y, momentos después, puso toda su fe en Cristo. Nicky y su amiga ya llevan muchos años felizmente casados y todavía miran hacia atrás y recuerdan cómo la mano de Dios les guió en aquel momento.

Puesto que estamos dispuestos a hacer lo que Dios quiere que hagamos, ¿de qué forma cabe esperar que Dios nos hable y nos guíe? Dios puede guiarnos de varias maneras. A veces, Dios nos habla por medio de alguna de las maneras que mencionaré a continuación y otras, a través de una combinación de éstas. Si se trata de una decisión importante, puede que nos hable a través de todas ellas.

Los mandamientos de la Biblia

Como hemos visto, la voluntad general de Dios para todas las personas y en todos los lugares y circunstancias está revelada en la Escritura. En la Biblia, Dios nos ha dicho lo que piensa sobre una gran variedad de asuntos. Gracias a la Biblia, sabemos que algunas cosas están mal, de manera que podemos estar completamente seguros de que Dios no nos pedirá que las hagamos. A veces, una persona casada puede decir: «Me he enamorado de otra persona. Nos queremos mucho. Creo que Dios me está pidiendo que deje a mi cónyuge para comenzar una nueva relación». Pero Dios ya ha expresado su voluntad con claridad. Él ha dicho: «No cometas adulterio» (Éxodo 20,14).

Otras veces, la gente se puede sentir inclinada a ahorrar dinero evitando el pago de impuestos. Pero Dios ha dejado bien claro que debemos pagar los impuestos que nos corresponden (Romanos 13,7). En cierta ocasión, llegó a mis manos una carta escrita a la Hacienda Pública por un hombre que acababa de hacerse cristiano. Decía lo siguiente:

Estimado Señor:

Acabo de hacerme cristiano y no puedo conciliar el sueño. He aquí cien libras que les debo.

P. S. Si sigo sin recobrar el sueño, les enviaré el resto.

Dios también nos llama a que seamos personas íntegras y a que digamos la verdad (Éxodo 20,16). Recuerdo que una vez conocí a un hombre cuyo apodo era Gibbo. Hacía muchos años, Gibbo había trabajado como oficinista en Selfridges, unos grandes almacenes muy famosos de Londres. Su jefe era el dueño, Gordon Selfridge. Un día sonó el teléfono y Gibbo lo atendió. Al otro lado de la línea, pidieron hablar con Gordon Selfridge. Selfridge estaba en esa misma sala, pero cuando Gibbo le informó de la llamada, Selfridge le respondió: «Dígale que he salido». Gibbo le pasó el teléfono y le dijo: «¡Dígaselo usted!». Cuando colgó el teléfono, Selfridge estaba muy enojado. Pero Gibbo se mantuvo firme y le dijo: «Si puedo mentir por usted, también puedo mentirle a usted, cosa que nunca haré». Esa acción transformó la trayectoria profesional de Gibbo en Selfridges. Desde ese momento, cuando sus jefes necesitaban a alguien de confianza, se dirigían a él. Había demostrado su integridad.

Sobre estos aspectos de la vida y sobre otros muchos, Dios ha revelado su voluntad general. No tenemos que pedir su orientación porque ya nos la ha dado. Si no estamos seguros sobre algún tema en particular, podemos pedir a alguien que conozca la Biblia mejor que nosotros, que nos indique en qué parte de la Biblia se trata ese tema. Una vez que hemos descubierto lo que dice la Biblia, no necesitamos buscar más allá de ella.

Aunque la voluntad general de Dios está revelada en la Biblia, no siempre podemos encontrar en ella su voluntad concreta para nuestras vidas. La Biblia no nos dice, por ejemplo, qué profesión deberíamos escoger, cuánto dinero deberíamos donar o con quién deberíamos casarnos.

Como hemos visto en el capítulo sobre la Biblia, Dios sigue hablando hoy a través de las Escrituras. Puede ser que nos hable cuando las leamos. El salmista dice: «Tus estatutos [...] son también mis consejeros» (Salmos 119,24). Esto no quiere decir que descubramos la voluntad de Dios abriendo la Biblia al azar y leyendo lo primero que nos encontremos. Es, más bien, una invitación a crear un hábito de lectura constante de la Biblia; nos sorprenderá lo bien que se ajustan las lecturas del día a las circunstancias particulares que estamos viviendo.

Nos pasará, incluso, que algún versículo parezca querer salirse de la página y saltar hacia nosotros. En esos casos, sentiremos que Dios nos está hablando a través de ese versículo. Ésa fue, de hecho, mi experiencia cuando sentí que Dios me estaba llamando a cambiar de trabajo. La elección a la que me enfrentaba era continuar dedicándome al ejercicio de la abogacía o hacerme clérigo anglicano. Cada vez que leía la Biblia sentía que Dios me hablaba, tomaba nota de lo que el Señor me sugería. En una ocasión, por ejemplo, después de haber orado a Dios para que me guiara, leí el versículo siguiente: «¿Cómo creerán en aquél de quien no han oído? ¿Y cómo oirán si no hay quien les predique?» (Romanos 10,14). Eso tuvo lugar un jueves. Entonces, me fui a pasar el fin de semana a Durham para ver a algunos amigos y para orar sobre la decisión que tenía que tomar. De repente, uno de mis amigos leyó en alto ese versículo. ¡Me quedé boquiabierto! El domingo por la tarde, ya estaba de regreso en mi iglesia, en Londres. Al principio del servicio religioso, el predicador no sólo anunció que iba a predicar sobre ese mismo versículo, sino que además afirmó que el versículo le sugería que Dios estaba llamando a alguien a ordenarse en la Iglesia de Inglaterra. Anoté otras quince ocasiones en las que me pareció que Dios me había hablado sobre mi vocación a través de la Biblia.

La guía del Espíritu

La guía que viene de Dios es muy personal. Cuando nos hacemos cristianos, el Espíritu de Dios desciende sobre nosotros y habita en nuestro interior para así comenzar a comunicarse con nosotros. Necesitamos aprender a oír su voz. Jesús dijo que sus ovejas (sus seguidores) reconocen su voz (Juan 10,4-5). Cuando un amigo nos habla por teléfono, inmediatamente reconocemos su voz. Si no conocemos muy bien a la persona que llama, puede resultarnos más difícil identificarla y necesitaremos más tiempo para conseguirlo. Cuanto más conozcamos a Jesús, más fácil nos resultará reconocer su voz.

S. Pablo declara: «Y ahora [...] voy a Jerusalén obligado por el Espíritu» (Hechos 20,22). El deseo de Pablo era que todos los cristianos se dejaran guiar por el Espíritu

(Gálatas 5,18). En otra ocasión, encontramos a Pablo y a sus compañeros intentando pasar por Bitinia, «pero el Espíritu de Jesús no se lo permitió» (Hechos 16,7), así que cambiaron de trayectoria. No sabemos exactamente cómo les habló el Espíritu, pero pudo ser de varias maneras.

He aquí algunos ejemplos sobre las maneras en las que Dios habla por su Espíritu:

1. Dios nos habla a menudo en la oración

En el capítulo 13 de los Hechos de los Apóstoles leemos que «mientras [...] rendían culto al Señor, el Espíritu Santo [les habló]» (v. 2). La oración es un diálogo. Supongamos que voy al doctor y le digo: «Doctor, tengo varios problemas: tengo hongos debajo de las uñas de los pies, me pican los ojos, necesito un jarabe para la gripe, me duele mucho la espalda y tengo tendinitis en el codo». Luego, tras haber expuesto todos mis achaques, miro al reloj y digo: «¡Madre mía, el tiempo pasa volando! Tengo que irme. Muchas gracias por haberme escuchado». Puede ser que el doctor quiera decirme: «Espere un segundo. ¿No quiere oír lo que tengo que decirle?». Si cada vez que oramos no hacemos más que hablar a Dios pero no dejamos tiempo para escuchar, cometemos el mismo error que ese paciente. Ésa es la razón por la que siempre tengo una libreta a mano cuando estoy orando. Me resulta útil apuntar algunas ideas que se me ocurren como: «Quizá debería llamar o escribir a esa persona».

En la Biblia vemos cómo Dios habla a su pueblo. En una ocasión, por ejemplo, mientras los cristianos estaban adorando al Señor y ayunando, el Espíritu Santo dijo: «Apártenme ahora a Bernabé y a Saulo para el trabajo al que los he llamado. Así que después de ayunar, orar e imponerles las manos, los despidieron» (Hechos 13,2-3).

De nuevo, no sabemos exactamente cómo habló el Espíritu Santo. Puede ser que ese pensamiento les hubiera surgido en la mente mientras oraban. Ésa es una forma muy habitual que tiene Dios de comunicarse. Se suele describir como una «intuición» o como una «certeza sobre algo». El Espíritu Santo puede hablar de todas estas maneras.

Obviamente, tales pensamientos y sentimientos se han de poner a prueba (1 Juan 4,1). ¿Hay consonancia entre la intuición y la Biblia? ¿Está al servicio del amor? Si no es así, no puede venir de un Dios que es amor (1 Juan 4,16). ¿Edifica, anima y consuela? (1 Corintios 14,3). Y una vez que hemos tomado la decisión, ¿experimentamos la paz de Dios? (Colosenses 3,15).

2. Dios a veces nos habla suscitándonos un deseo intenso de hacer algo

«Dios es quien produce en ustedes tanto *el querer* como el obrar para que se cumpla su buena voluntad» (Filipenses 2,13, cursiva del autor). Cuando ponemos nuestra voluntad en las manos de Dios, él actúa en nosotros y a menudo cambia nuestros deseos.

Un joven médico británico, llamado Paul Brand, estaba visitando una leprosería cercana a Chennai (antiguamente Madrás), en India. Mientras un hombre llamado Dr. Cochrane le enseñaba el hospital, Paul Brand vio a algunos pacientes que estaban de cuclillas y que se desplazaban renqueantes sobre sus pies vendados; éstos le seguían con sus rostros ocultos y deformes. El Dr. Brand dijo:

> Había manos que se agitaban y se extendían hacia mí en ademán de saludo [...]. Eran muñones retorcidos, nudosos y ulcerados. Algunos estaban rígidos como si fueran garfios.

A otros les faltaban dedos. En otros faltaba toda la mano. Al final, sin poder contenerme más, pregunté: «¿Cómo han llegado a este estado? ¿Qué tratamiento tienen?» […]. [El Dr. Cochrane respondió:] «No lo sé […], soy dermatólogo —trato la piel de los leprosos—. Pero tú eres traumatólogo y ¡cirujano ortopédico! […]. Me contó que todavía ningún cirujano ortopédico había estudiado las deformidades de las quince millones de víctimas de la lepra en el mundo.

Siguieron su visita por el hospital y un joven con lepra extendió su mano hacia ellos. Paul Brand le dijo: «Aprieta mi mano tan fuerte como puedas». Él mismo ha descrito ese encuentro con estas palabras:

Para mi sorpresa, en vez de la débil contracción que me esperaba, sentí un dolor intenso y agudo que se desplazaba, desde la palma de mi mano, por todo el brazo. Fue como si me estuviera prensando la mano entre sus dedos que, como garras de acero, parecían incrustarse en mi carne. No mostraba señales de parálisis —de hecho, grité para que me soltara—. Le miré enojado, pero quede desconcertado por la tierna sonrisa que iluminaba su rostro. No era consciente de que me había hecho daño. Ésa fue la clave: en alguna zona de esa mano gravemente deformada, había músculos sanos y poderosos. Sentí un hormigueo y como si todo el universo estuviera girando a mi alrededor. Supe, entonces, que ése era mi lugar. Ese suceso que tuvo lugar en 1947 cambió mi vida. Era mi momento. Había sentido un llamado del Espíritu de Dios. Había sido creado para ese momento en concreto y sabía que tenía que orientar mi vida en una nueva dirección. Desde entonces, no he tenido la más mínima duda al respecto.[2]

El Dr. Brand fue descubriendo que la lepra eliminaba la capacidad sensorial de las zonas del cuerpo afectadas y que los pacientes acababan lesionándose a sí mismos. Eso se debía a una infección y, por lo tanto, se podía prevenir. Su descubrimiento dio pie a una investigación pionera en el ámbito de la lepra y el Dr. Brand fue reconocido mundialmente como cirujano especializado en la lepra y recibió el galardón CBE y el Premio Lasker de Investigación Médica Básica.

3. A veces Dios nos guía de maneras menos comunes

Hay muchos ejemplos en la Biblia en los que Dios guía a algunas personas de maneras espectaculares. Cuando Samuel era niño, Dios le habló de tal modo que fue capaz de oír su voz con sus propios oídos (1 Samuel 3,4-14). También habló a Abraham (Génesis 18), a José (Mateo 2,19) y a Pedro (Hechos 12,7) a través de ángeles. Tanto en el Antiguo Testamento como en el Nuevo Testamento (ej. Ágabo en Hechos 11,27-28; 21,10-11), Dios habló a través de los profetas. También guió a algunos mediante visiones (a veces llamadas «imágenes» en la actualidad). Una noche, por ejemplo, Dios habló a Pablo en una visión. Vio a un hombre de Macedonia, puesto de pie, que le rogaba: «Pasa a Macedonia y ayúdanos». No sorprende que Pablo y sus compañeros interpretaran la visión como una señal de que Dios les había llamado a anunciar el evangelio a los macedonios (Hechos 16,10).

También encontramos ejemplos en los que Dios guía a las personas a través de sueños (ej. Mateo 1,20; 2,12-13.19). En una ocasión, oré por un matrimonio formado por dos buenos amigos. El esposo se había hecho cristiano hacía poco tiempo. La esposa, una persona muy inteligente, se oponía enérgicamente al paso que su marido había dado, hasta el punto de mostrar cierta hostilidad hacia nosotros. Una noche, tuve un sueño en el que vi su rostro transformado y sus ojos radiantes de la alegría del Señor. Esto nos alentó a continuar orando por ellos y a mantenernos cercanos. Pocos meses después, la mujer creyó en Cristo. Al mirarla, recuerdo haber visto en ella el mismo rostro que había visto en el sueño unos meses antes.

Éstas son formas de las que Dios se ha servido para guiar a su pueblo en el pasado y de las que se sigue sirviendo en la actualidad.

Sentido común

Cuando nos hacemos cristianos, no se nos pide que dejemos a un lado el sentido común. Los autores del Nuevo Testamento nos animan a menudo a pensar y nunca nos instan a prescindir de la mente (ej. 2 Timoteo 2,7).

Si renunciamos al sentido común, nos podemos ver en situaciones muy absurdas. J. I. Packer, en su libro *Conociendo a Dios*, menciona el ejemplo de una mujer que, después de haber consagrado su día al Señor al despertarse, «preguntaba si debía levantarse o no» y no se movía hasta que «la voz» le indicara que podía vestirse.

> Cada vez que se ponía una prenda, le iba preguntando al Señor si se la tenía que poner o no, a lo que el Señor respondía con frecuencia que se pusiera el zapato derecho y que dejara el otro; a veces se tenía que poner las medias sin zapatos y otras veces los zapatos sin medias. Lo mismo ocurría con todas las demás prendas [...].[3]

Es correcto afirmar que la promesa de la guía divina no se ha hecho para que nos ahorremos el esfuerzo de pensar.

De hecho, John Wesley, el padre del metodismo, dijo que Dios le guiaba normalmente a través de razones que surgían en su mente y que le llevaban a actuar de una manera determinada. Esto es importante en todos los ámbitos, tanto en las decisiones cotidianas, como en las decisiones más importantes que puedan estar relacionadas con el matrimonio o con el trabajo. El sentido común es uno de los factores que se han de tener en cuenta a la hora de elegir pareja para el matrimonio. Es de sentido común reflexionar, por lo menos, sobre tres aspectos.

En primer lugar, ¿somos *compatibles espiritualmente*? Pablo advierte de los peligros de casarse con alguien que no es cristiano (2 Corintios 6,14). En la práctica, cuando uno de los cónyuges no es cristiano casi siempre hay mucha tensión en el matrimonio. Esto sucede porque cada persona camina en una dirección diferente. El cristiano se siente dividido entre el deseo de servir a su cónyuge y el deseo de servir al Señor. Sin embargo, la compatibilidad espiritual va más allá del hecho de que los dos cónyuges sean cristianos. Significa que cada parte respete la fe de la otra, en lugar de decir simplemente: «Por lo menos se cumple la condición de que los dos son cristianos».

En segundo lugar, ¿somos *compatibles en lo que respecta a nuestra personalidad*? Obviamente, nuestro cónyuge debe ser un muy buen amigo y alguien con quien tenemos mucho en común. Una de las muchas ventajas de no tener relaciones sexuales antes del matrimonio, es que así es más fácil concentrarse en el área de la compatibilidad personal. A menudo, el aspecto sexual puede dominar las primeras etapas de una relación. Si el cimiento no se ha sentado sobre la amistad, puede ocurrir que la relación se quede sin una base sólida cuando el entusiasmo sexual inicial empiece a disminuir.

En tercer lugar, ¿somos *compatibles físicamente*? Con esto me refiero a que tiene que haber una atracción mutua. No es suficiente ser compatibles espiritualmente y emocionalmente. La gente pone, con frecuencia, la compatibilidad sexual en primer lugar, pero ésta es la última en el orden de prioridades. ¿Es necesario acostarse juntos para ver si hay compatibilidad sexual? No. De ser así, esa concepción nos llevaría a la pregunta siguiente: «¿Cuántos encuentros sexuales son necesarios antes de poder hacer una elección racionalmente fundamentada?».

Asimismo, el sentido común es fundamental a la hora de discernir las orientaciones de Dios en lo que se refiere a nuestros trabajos y trayectorias profesionales. A veces, la

«Me he tenido que acostar con ciento doce chicas para encontrarte».

gente dice: «Me he convertido al cristianismo, ¿tengo que cambiar de trabajo?». La respuesta la ofrece Pablo: «[...] cada uno debe vivir conforme a la condición que el Señor le asignó y a la cual Dios lo ha llamado» (1 Corintios 7,17). A no ser que tu trabajo sea completamente incompatible con la fe cristiana, S. Pablo nos aconseja vivir la fe cristiana en el contexto en el que el llamado tuvo lugar.

Como norma general, deberíamos permanecer en nuestro puesto de trabajo (si lo tenemos) hasta que Dios nos llame a hacer otra cosa. Dios no suele llamarnos para *sacarnos* de nuestros contextos, sino para *introducirnos* en otros nuevos. Para discernir qué es lo que Dios quiere de nosotros, debemos preguntarnos antes de nada: «¿Cómo es mi carácter?, ¿cómo es mi personalidad?, ¿en qué soy más diestro?, ¿qué me gusta hacer?, ¿qué dones tengo?». También forma parte del sentido común echar una mirada retrospectiva a nuestra vida para proyectarla diez, quince o veinte años en el futuro y preguntarnos: «¿Hacia dónde me lleva mi trabajo actual?, ¿quiero ir en esa dirección a largo plazo?, ¿o las expectativas que tengo sobre mi futuro son notablemente diferentes? En ese caso, ¿dónde debería situarme para poder llegar allí?».

Consejo de los santos

En el Nuevo Testamento, la palabra «santos» hace referencia a «todos los cristianos», es decir, a la iglesia (ej. Filipenses 1,1). Es estupendo formar parte de una comunidad de cristianos en la que nos podemos ayudar mutuamente para tomar decisiones. Debemos tener la humildad como para reconocer que Dios no sólo me habla a «mí», sino que también habla a los demás y que es algo que ha hecho a lo largo de la historia.

El libro de los Proverbios exhorta continuamente a buscar consejo prudente. El autor afirma que «el sabio atiende al consejo» (Proverbios 12,15). Advierte de que «cuando falta el consejo, fracasan los planes», pero que «cuando abunda el consejo, prosperan» (Proverbios 15,22). Por lo tanto, aconseja: «Afirma tus planes con buenos consejos» (Proverbios 20,18).

Aunque es cierto que buscar consejo es algo muy

importante, tenemos que recordar que, en última instancia, nuestras decisiones son entre nosotros y Dios: son nuestra responsabilidad. No podemos cargar con esa responsabilidad a otros o intentar culparlos si las cosas no salen bien. El «consejo de los santos» forma parte de la guía de Dios —pero no es su único componente—. A veces, puede ser acertado seguir adelante con algunas decisiones aunque el consejo de los demás sea contrario.

Si nos enfrentamos a una decisión y necesitamos consejo, ¿a quién debemos consultar? Según el autor del libro de los Proverbios: «El comienzo de la sabiduría es el temor del Señor […]» (Proverbios 9,10). Probablemente, se refiera al consejo de los que temen o respetan al Señor. Los mejores consejeros son, generalmente, personas a las que respetamos; a menudo se trata de cristianos con un sentimiento profundo de Dios que gozan de sabiduría y experiencia. También puede ser una buena opción pedir consejo a nuestros padres, aunque ya no vivamos con ellos. Probablemente, son los que mejor nos conocen, y al pedirles su consejo, les estamos honrando (Éxodo 20,12).

Siempre ha sido de gran ayuda en mi vida cristiana poder acudir a alguien —algún cristiano maduro a quien yo respete— para pedir consejo sobre temas de todo tipo. En algunas ocasiones he acudido a diversas personas. Estoy muy agradecido a Dios por la sabiduría que han demostrado y por su ayuda en diferentes campos. A menudo, la respuesta de Dios surgía mientras hablábamos de los temas en cuestión.

Cuando se trata de decisiones más importantes, siempre me ha parecido muy útil pedir consejo a varias personas. Cuando me planteé la posibilidad de mi ordenación al ministerio, pedí el consejo de dos hombres de las características que acabo de mencionar, de mis dos mejores amigos, de mi párroco y de los que participaron en el proceso oficial de selección.

No deberíamos escoger a las personas a las que acudimos para pedir consejo porque vayan a estar de acuerdo con nuestros planes. A veces, uno ve a personas que consultan a una infinidad de gente con la esperanza de que, al final, encontrarán a alguien que respalde sus proyectos. El consejo, en ese caso, apenas tiene peso y actúa como una simple justificación: «He pedido consejo a fulanito y está de acuerdo». Deberíamos acudir a personas basándonos en su autoridad espiritual o en la relación que tienen con nosotros, independientemente de las opiniones que pensamos que puedan tener sobre nuestro tema.

Señales circunstanciales

En el fondo, Dios tiene el control de todo lo que acontece. El autor del libro del los Proverbios señala: «El corazón del hombre traza su rumbo, pero sus pasos los dirige el Señor» (Proverbios 16,9). A veces, Dios abre puertas (1 Corintios 16,9) y otras veces las cierra (Hechos 16,7). Ha habido dos ocasiones en mi vida en las que Dios cerró las puertas a algo que deseaba muchísimo y que yo había interpretado como voluntad de Dios. Intenté forzar las puertas para abrirlas. Oré, luché y combatí con todas mis fuerzas, pero las puertas no se abrieron. En ambas ocasiones, me sentí amargamente decepcionado. Pero ahora, años después, entiendo por qué cerró aquellas puertas y, ciertamente, estoy agradecido de que lo hiciera. Sin embargo, creo que nunca sabré, mientras siga en este mundo, por qué Dios ha cerrado algunas otras puertas en mi vida.

A veces, nos abre puertas de una manera extraordinaria. Las circunstancias y el momento señalan claramente la mano de Dios (ej. Génesis 24). Michael Bourdeaux es el fundador y presidente del Instituto Keston, una organización de investigación dedicada a ayudar a los cristianos en lo que en otros tiempos fueron tierras comunistas. Su obra e investigación es muy respetada por gobiernos de todo el mundo. Michael Bourdeaux estudió ruso en Oxford y su profesor de ruso, el Dr. Zernov, le envió una carta que él había recibido porque pensó que le podría interesar. En ella se describía cómo la KGB maltrataba físicamente a los monjes, cómo éstos eran objeto de investigaciones médicas inhumanas y cómo les cargaban en camiones para posteriormente abandonarlos a muchos kilómetros de distancia. La carta estaba escrita en un estilo sencillo, sin adornos, y al leerla, Michael Bourdeaux sintió que estaba oyendo la auténtica voz de la iglesia perseguida. La carta estaba firmada por: «Varavva y Pronina».

En agosto de 1964, Michael Bourdeaux fue de viaje a Moscú y, en su primera tarde en esa ciudad, se encontró con algunos viejos amigos, quienes le explicaron que las persecuciones se estaban endureciendo; en concreto, habían demolido la antigua Iglesia de San Pedro y San Pablo. Le sugirieron que fuera a ver el resultado por sí mismo. Así que tomó un taxi y llegó a su destino al atardecer. Cuando se acercó a la plaza en la que según sus recuerdos había una iglesia hermosísima, lo único que encontró fue una cerca de casi cuatro metros de altura que ocultaba los escombros que se amontonaban en el lugar donde había estado la iglesia. Al otro lado de la plaza, dos mujeres estaban intentando subirse a la cerca para ver lo que había dentro. Él las observó y cuando, finalmente, se fueron de la plaza, las siguió unos cien metros hasta que las alcanzó. ¿«Quién es usted?», le preguntaron. El respondió: «Soy extranjero. He venido a informarme de lo que está ocurriendo en la Unión Soviética».

Lo llevaron a casa de otra mujer, y ésta le preguntó por qué había venido. Dijo que había recibido una carta desde Ucrania, vía París. Cuando le preguntó de quién era, el respondió: «De Varavva y Pronina». El silencio se apoderó de la sala. Michel Bourdeaux pensó por un momento que había cometido algún error. Al silencio le sucedió un torrente de sollozos incontrolados. La mujer dijo mientras señalaba a otras dos: «Ésta es Varavva y ésta es Pronina».

Rusia tiene más de 140 millones de habitantes. Ucrania, desde donde se había escrito la carta, está a 1.300 kilómetros de Moscú. Michael Bourdeaux había volado desde Inglaterra seis meses después de que se escribiera la carta. No se habría encontrado con esas mujeres si cualquiera de ellos hubiera llegado a la iglesia demolida con una hora de diferencia. Ésa fue una de las maneras por las que Dios llamó a Michael Bourdeaux para que comenzara la obra de su vida: el Instituto Keston.[4]

A veces, la guía de Dios se nos ofrece en cuanto la pedimos (ej. Génesis 24), pero, a menudo, tarda mucho más en llegar, a veces meses o incluso años. Podemos tener la sensación de que Dios va a hacer algo en nuestra vida, pero tenemos que esperar mucho tiempo para que eso ocurra. En tales ocasiones necesitamos armarnos de paciencia como lo hizo Abraham, quien «después de esperar con paciencia, [...] recibió lo que se le había prometido» (Hebreos 6,15). Pasó la mayor parte de su vida esperando que Dios cumpliera la promesa que le había hecho cuando era joven, la cual no se cumplió hasta que llegó a la ancianidad. Mientras esperaba, cayó en la tentación, a un cierto punto, de intentar forzar la situación y cumplir la promesa de Dios por sus propios medios —algo que tuvo resultados desastrosos (ver Génesis 16 y 21)—.

Puede ser que oigamos a Dios correctamente, pero que no hayamos comprendido el momento que él ha establecido para cumplir su palabra. Dios habló a José, hijo de Jacob, en un sueño respecto a lo que iba a ocurrir con él y con su familia. Probablemente, él se esperaba un cumplimiento del sueño inmediato, pero tuvo que esperar muchos años para ver cómo se materializaba. De hecho, cuando estaba en prisión debió de ser muy difícil para él creer que sus sueños se cumplirían algún día. Pero, trece años después del sueño original, vio cómo Dios lo hacía realidad. La espera formaba parte de la preparación (ver Génesis 37-50).

En el ámbito del discernimiento y de la guía, todos cometemos errores. A veces, como Abraham, intentamos hacer que la promesa de Dios se cumpla mediante nuestros propios métodos equivocados. Como José, nos confundimos a la hora de identificar el momento en el que la promesa de Dios se cumplirá. Otras veces, cuando llega el momento de unirnos a Cristo, sentimos que nuestra vida está en tal estado que es demasiado tarde para que Dios la cambie. Pero Dios es más grande que todo eso. Oscar Wilde, escritor y dramaturgo, dijo: «Todo santo tiene un pasado y todo pecador tiene un futuro».[5] Dios es capaz de compensar «por los años en que todo lo devoró ese gran ejército de langostas» (Joel 2,25). Es capaz de hacer algo bueno de lo que quede de nuestras vidas —sea mucho o poco tiempo— si le entregamos lo que tenemos y cooperamos con su Espíritu.

Lord Radstock estaba alojado en un hotel en Noruega —a mediados del siglo diecinueve—, cuando oyó a una niña tocar el piano en el vestíbulo del edificio. Hacía un ruido terrible: «¡Tin!... ¡tan!... ¡ton!...». ¡Lo estaba volviendo loco! Entonces, un hombre se acercó a la niña, se sentó a su lado y empezó a tocar con ella llenando los espacios muertos. El resultado fue una melodía hermosísima. Más tarde, Lord Radstock supo que el hombre que había tocado con la niña era su padre, Aleksandr Borodín, el compositor de la ópera *El Príncipe Ígor*.

Pablo escribe que «Dios dispone todas las cosas para el bien de quienes lo aman, los que han sido llamados de acuerdo con su propósito» (Romanos 8,28). Mientras nosotros tocamos las teclas con gran dificultad y muchos titubeos —buscando y esperando su voluntad para nuestras vidas a través de la lectura (mandamientos de la Biblia), de la escucha (guía del Espíritu), de la reflexión (sentido común), del diálogo (consejo de los santos) y de la observación (señales circunstanciales)—, Dios se nos aproxima, se sienta a nuestro lado y «dispone todas las cosas para el bien». Transforma, así, nuestro «¡Tin!... ¡tan!... ¡ton!...» y hace de nuestras vidas algo hermosísimo.

Notas

1. Nueva Biblia de Jerusalén.
2. Philip Yancey and Paul Brand, *In the Likeness of God* (Zondervan, 2004), p. 218.
3. J. I. Packer, *Conociendo a Dios* (Oásis: CLIE, 1985).
4. Michael Bourdeaux, *Risen Indeed* (Darton, Longman & Todd, 1983).
5. Oscar Wilde, *Una mujer sin importancia* (Andrés Bello, 1992), p. 113.

LIBROS PUBLICADOS POR ALPHA

Títulos disponibles en español:

¿Por qué Jesús? Este folleto de evangelización escrito por Nicky Gumbel corresponde al segundo y tercer tema de Alpha: «¿Quién es Jesús?» y «¿Por qué murió Jesús?». Se usa idealmente como obsequio para los invitados al inicio de Alpha y su lectura es recomendada a todos los participantes. En palabras de Michael Green, es «la presentación de Jesús más clara, desafiante y mejor ilustrada que conozco».

¿Por qué la Navidad? Es la edición navideña de *¿Por qué Jesús?* y es ideal para regalar a todo aquel que viene a la iglesia durante el tiempo navideño. Es, además, el recurso perfecto para promover Alpha en Navidad.

¿Por qué la Pascua? Es la edición de Pascua de *¿por qué Jesús?* Se centra en la resurrección de Cristo y es ideal como un regalo gratuito de la iglesia durante la temporada de Pascua.

Temas candentes. Este libro contiene las respuestas que Nicky Gumbel da a las siete preguntas más frecuentes que hacen los participantes en Alpha. *Temas candentes* es para quienes buscan explicaciones a algunas de las preguntas más difíciles y complejas del cristianismo, tales como el sufrimiento, las otras religiones, el sexo antes del matrimonio, etc. Este libro también es para quienes están interesados en hablar a sus conocidos, familiares y amigos sobre Jesucristo. Contiene muchas respuestas útiles, tanto para quienes quieren usarlo como lectura personal, como para quienes lo necesitan como material de referencia para el diálogo en los grupos pequeños.

La fe que vence al mundo. «En junio de 2005, fue un gran privilegio recibir la visita del P. Raniero Cantalamessa, quien inauguró nuestra Conferencia Internacional de Alpha. Su discurso en esa ocasión, "La fe que vence al mundo", ha sido una inspiración para todos los que participamos en Alpha y le estamos enormemente agradecidos por permitirnos publicarla en este folleto» (Nicky Gumbel).

Él y Ella: Cómo establecer una relación duradera. Este libro best-seller por Nicky y Sila Lee es una lectura esencial para cualquier casados o novios. Actualizado y revisado.

El libro para padres de familia. Basándose en su experiencia personal, Nicky y Sila Lee aportan nuevas ideas y tiempo-probados valores para la tarea de criar a sus hijos. Lleno de valiosos consejos y consejos prácticos, el libro sobre la crianza de los hijos es un recurso para los padres a volver una y otra vez.

Si quieres saber más sobre Alpha, contacta:

La oficina de Alpha International
Alpha International
Holy Trinity Brompton
Brompton Road
Londres SW7 1JA
Reino Unido
e-mail: info@alpha.org
alpha.org

En las Américas
Alpha América Latina y el Caribe
e-mail: latinoamerica@alpha.org
e-mail: recursos@alpha.org
alpha.org/Latinoamérica

Alpha Argentina
e-mail: oficina@alpha.org.ar
alpha.org.ar

Alpha Colombia
e-mail: oficina@alphacolombia.org
alpha.org/colombia

Alpha Costa Rica
e-mail: latinoamerica@alpha.org
alpha.org/latinoamerica

Alpha México
e-mail: oficinamexico@alpha.org.mx
alpha.org/mexico

Alpha EE.UU.
e-mail: questions@alphausa.org
alphausa.org

En Canadá
Alpha Canadá
e-mail: office@alphacanada.org
alphacanada.org

En España y Europa
Alpha España
e-mail: info@cursoalpha.es
alpha.org/espana

www.ingramcontent.com/pod-product-compliance
Lightning Source LLC
Chambersburg PA
CBHW060548030426
42337CB00021B/4497